Englisch lernen mit Jim Knopf

Im fernen Mandala

Nach Motiven von Michael Ende erzählt

Mit Bildern von Mathias Weber nach den Originalen von F. J. Tripp

für Kinder ab 4 Jahren
Vorschule und 1./2. Klasse

PONS GmbH
Stuttgart

PONS

Englisch lernen mit Jim Knopf

Im fernen Mandala

Illustrationen: Mathias Weber nach den Originalen von F. J. Tripp

Auflage A1 5 4 3 2 1 / 2013 2012 2011 2011

© PONS GmbH, Rotebühlstraße 77, 70178 Stuttgart, 2011
PONS Produktinfos und Shop: www.pons.de
PONS Sprachenportal: www.pons.eu
E-Mail: info@pons.de
Alle Rechte vorbehalten.

© by Thienemann Verlag (Thienemann Verlag GmbH), Stuttgart/Wien

© Universal Music Family Entertainment - a Division of
Universal Music GmbH, Berlin

Hörspiel:
Produktion: Küss Mich Musik, Berlin (P)
Musik: Robert Metcalf/Martin Freitag
Liedtexte: Robert Metcalf/Martin Freitag
Manuskript: Tania Freitag/Andreas Wrosch
Konzept & Regie: Martin Freitag

Redaktion: Astrid Proctor
Text: Debby Böhm nach Motiven von Michael Ende
Logoentwurf: Erwin Poell, Heidelberg
Logoüberarbeitung: Sabine Redlin, Ludwigsburg
Einbandgestaltung: Daniel Müller, Stuttgart
Layout/Satz: grundmanngestaltung, Karlsruhe
Druck und Bindung: Grafos SA, Barcelona

Printed in Spain.
ISBN: 978-3-12-561434-5

Dieses Buch gehört:

....

Let's learn English
Lasst uns Englisch lernen!

Let's learn English!	Lasst uns Englisch lernen!
Let's learn English!	Lasst uns Englisch lernen!
Let's learn English now!	Lasst uns jetzt Englisch lernen!
Good morning!	Guten Morgen!
Hello!	Hallo!
Are you ready?	Bist du soweit?
Let's go!	Los geht's!
Let's learn English!	Lasst uns Englisch lernen!
Let's learn English!	Lasst uns Englisch lernen!
Let's learn English now!	Lasst uns jetzt Englisch lernen!
Okay!	Okay!
How are you?	Wie geht es dir?
I'm fine!	Mir geht's gut!
That's cool!	Das ist cool!
Let's learn English!	Lasst uns Englisch lernen!
Let's learn English!	Lasst uns Englisch lernen!
Let's learn English now!	Lasst uns jetzt Englisch lernen!
Yes, yes, yes, yes, yes, yes.	Ja, ja, ja, ja, ja, ja.
No, no, no, no.	Nein, nein, nein, nein.
Please, please!	Bitte, bitte!
Thank you!	Danke!
Thank you very much!	Danke sehr!
Good-bye!	Tschüss!

(Noten zum Nachspielen auf der CD sowie unter www.robertmetcalf.de)

Das hier ist Robert mit seinem kleinen Segelboot, his sailing boat. Robert kommt aus Great Britain, aus Großbritannien, der großen Insel links. Eines Tages wollte er über den Ärmelkanal nach Deutschland segeln. Eigentlich sollte es nur eine kurze Reise werden, aber dann kam ein Sturm. Und was für ein Sturm! What a storm!

Sein Boot kenterte und Robert trieb hilflos mit seiner Gitarre, his guitar, in den Wellen. „Help! Hilfe!" rief Robert verzweifelt, „Help!"

Es kam Rettung. Hände zogen ihn und seine guitar aus dem Wasser und plötzlich fand sich Robert auf einer schwimmenden Lokomotive wieder.

Als er sah, wer ihn aus dem Wasser gefischt hatte, traute er seinen Augen kaum: Jim Knopf und Lukas der Lokomotivführer! Das war der Anfang eines aufregenden Abenteuers.

sailing boat
das Segelboot

guitar
die Gitarre

storm
der Sturm

? Wusstest du schon?

Great Britain (Großbritannien) ist eine Insel, an island, die durch den Ärmelkanal vom Rest von Europa getrennt ist. An der schmalsten Stelle des Ärmelkanals liegen Großbritannien und Frankreich nur 34 Kilometer voneinander entfernt. Bei gutem Wetter und klarer Sicht, kann man die Küste auf der anderen Seite ganz deutlich sehen!

Übrigens wird der ‚sch-Laut' im Englischen nur mit ‚sh' geschrieben: **English**.

Wusstest du schon?

English oder Englisch, ist eine echte Weltsprache. Rund 500 Millionen Menschen auf der Welt sprechen Englisch entweder als Muttersprache oder als Zweitsprache und mindestens genau so viele Menschen lernen Englisch. Das sind ganz schön viele Englischsprecher, über eine Milliarde um genau zu sein - und jetzt auch du!
In über fünfzig Ländern ist Englisch nämlich die Hauptsprache, so z. B. auch in Großbritannien und den Vereinigten Staaten von Amerika, den USA.

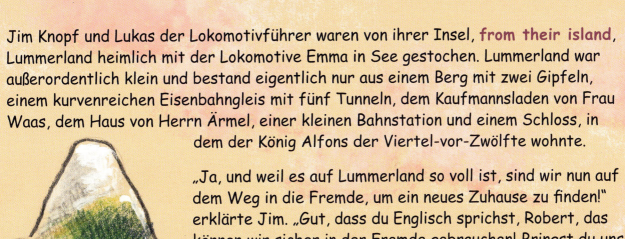

Jim Knopf und Lukas der Lokomotivführer waren von ihrer Insel, from their island, Lummerland heimlich mit der Lokomotive Emma in See gestochen. Lummerland war außerordentlich klein und bestand eigentlich nur aus einem Berg mit zwei Gipfeln, einem kurvenreichen Eisenbahngleis mit fünf Tunneln, dem Kaufmannsladen von Frau Waas, dem Haus von Herrn Ärmel, einer kleinen Bahnstation und einem Schloss, in dem der König Alfons der Viertel-vor-Zwölfte wohnte.

„Ja, und weil es auf Lummerland so voll ist, sind wir nun auf dem Weg in die Fremde, um ein neues Zuhause zu finden!" erklärte Jim. „Gut, dass du Englisch sprichst, Robert, das können wir sicher in der Fremde gebrauchen! Bringst du uns bitte Englisch bei?"

„Das mache ich natürlich gerne, learning English with you!" antwortete Robert. Und so kam es, dass Jim Knopf und Lukas der Lokomotivführer Englisch lernten.

Your turn!

Jetzt bist du dran! Kannst du denn schon die englischen Wörter, die bisher in der Geschichte vorkamen, aufsagen? Wie heißt denn das Land, aus dem Robert kommt? Findest du es auf einer Landkarte?

„Aber warum habt ihr denn your little island, eure kleine Insel, verlassen?" wollte Robert wissen. Lukas erklärte es ihm: eines Tages brachte das Postschiff ein Paket mit vielen Luftlöchern nach Lummerland. Darauf stand eine seltsame Adresse: „An Frau Malzaan; In Xummerlant; Alte Strase 133; Trite Etase linxs".

Das Gegenteil von little – klein ist big – groß.

Wusstest du schon?
Man kann statt engine auch railway engine sagen. Emma ist eine ganz besondere railway engine, nämlich a steam engine – eine Dampflok.

Als die Bewohner von Lummerland es öffneten, lag darin ein kleines, schwarzes Baby. Sie nannten das Baby Jim und es blieb bei Frau Waas, aß und wuchs, ärgerte Herrn Ärmel, drückte sich vorm Waschen und fuhr mit Lukas auf Emma durch das schöne kleine Lummerland.

The problem was, das Problem war, dass es nun auf Lummerland ein wenig eng wurde. Alfons der Viertel-vor-Zwölfte schlug deshalb vor, die alte Emma abzuschaffen. Als Lukas mit Emma darüber redete, dass er sie natürlich nie im Leben alleine wegschicken würde, lauschte Jim. Und weil Lukas sein bester Freund war, beschlossen sie, zu dritt wegzugehen: Jim, Lukas und Emma **the engine**, Emma die Lokomotive.

island
die Insel

engine
die Lokomotive

Your turn!
Jim Knopf hat mal wieder seinen **button** verloren. Findest du ihn?

Robert wusste nun, warum Jim und Lukas Lummerland verlassen hatten, aber ihn interessierte auch noch wie Jim zu seinem Namen Jim Knopf kam. Das war nämlich so: Jim hatte immer ein Loch in seiner Hose. Egal wie oft Frau Waas es flickte und egal wie vorsichtig Jim war, es kam immer wieder und ausgerechnet immer an genau der gleichen Stelle.

Schließlich kam Frau Waas auf eine fantastische Idee: sie säumte einfach das Loch und nähte **a big button**, einen großen Knopf, zum Zuknöpfen dran. Jetzt konnte man das Loch ganz leicht aufmachen und wieder schließen, ganz ohne zu reißen und zu flicken. Von diesem Tag an wurde Jim von allen Inselbewohnern nur noch Jim Knopf genannt.

button
der Knopf

Your turn!
Und wie viele **buttons** hast du heute an deiner Kleidung?

„**Your name**, dein Name, ist also Jim Knopf. Schön, dich kennen zu lernen.", sagte Robert. Dann wollte Lukas der Lokomotivführer wissen, woher Robert eigentlich kam.
„**Where do you come from?**"

„**I come from England**. Ich komme aus England. **And where do you come from?** Woher kommst du?" fragte Robert.

„**I come from Lummerland**. Ich komme aus Lummerland. **An island in the sea**. Eine Insel mitten im Meer", antwortete Lukas.

Und dann brachte Robert Jim bei, wie er sagen konnte, wo er wohnt: „Ich wohne mit Frau Waas – **I live with Frau Waas** – in dem Haus mit dem Kaufmannsladen – **in the house with the shop in it**." „Prima", sagte Lukas. „Und ich wohne im Bahnhof: **I live in the railway station**."

island
die Insel

sea
das Meer

railway station
der Bahnhof

shop
der Laden

Wusstest du schon?
Es ist ganz leicht, sich auf Englisch vorzustellen. Drei Sätze reichen schon:
My name is… - **Ich heiße …**
I come from… - Ich komme aus …
I live in oder **I live with** – Ich wohne in … oder Ich wohne bei …
Jetzt versuch du es mal!

Everybody Needs a Name
Jeder braucht einen Namen

My Family name is Button.
My first name is Jim.
My best friend is Lukas
and everyone knows him.

We both live on an island
and this is my address:
Number 1, Main Street.
That's easy, I guess.

Everybody needs a name.
Every child, woman and man.
Everybody needs a home
That he can call his own.

It's just a tiny island
in the middle of the sea.
But this is where my friends live
and so it's home to me.

Jim, Lukas, Emma - it's good
to have a name.
And if you haven't got one,
life's not the same.

Everybody needs a name.
Every child, woman and man.
Everybody needs a home
That he can call his own.

What's your name?
It's easy, listen:
Give us a J – J.
Give us an I – I.
Give us an M – M.
My name is JIM! Jim Button!

Hurra, Jim
What a great name
Hello, Jim
We love you
Hurra, Jim

Everybody needs a name.
Every child, woman and man.
Everybody needs a home
That he can call his own.

Mein Nachname ist Knopf.
Mein Vorname ist Jim.
Mein bester Freund heißt Lukas
und jeder kennt ihn.

Wir leben beide auf einer Insel
und dies ist meine Adresse:
Hauptstraße, Nummer 1.
Das ist leicht, denke ich.

Jeder braucht einen Namen.
Jedes Kind, jede Frau, jeder Mann.
Jeder braucht ein Zuhause,
das er sein Eigen nennen kann.

Es ist nur eine kleine Insel,
mitten im Meer.
Aber dort leben meine Freunde
und deshalb ist es mein Zuhause.

Jim, Lukas, Emma – es ist gut
einen Namen zu haben.
Und wenn du keinen hast,
ist das Leben einfach anders.

Jeder braucht einen Namen.
Jedes Kind, jede Frau, jeder Mann.
Jeder braucht ein Zuhause,
das er sein Eigen nennen kann.

Wie heißt du?
Das ist leicht. Hör zu:
Gib mir ein J – J.
Gib mir ein I – I.
Gib mir ein M – M.
Mein Name ist JIM! Jim Knopf!

Hurra, Jim
Was für ein fantastischer Name.
Hallo Jim.
Wir lieben dich.
Hurra Jim.

Jeder braucht einen Namen.
Jedes Kind, jede Frau, jeder Mann.
Jeder braucht ein Zuhause,
das er sein Eigen nennen kann.

(Noten zum Nachspielen auf der CD
sowie unter www.robertmetcalf.de)

Your turn!

Schau dir das Bild genau an. Jim Knopf staunt über die vielen Bäume, *trees* und Blumen, *flowers*. Welche Dinge gibt es noch mehrfach? Zähle, wie viele Berge, Brücken, Schmetterlinge und Fische du siehst – vielleicht kannst du sogar schon auf Englisch zählen!

9 Berge (nine), 2 Brücken (two), 3 Schmetterlinge (three), 5 Fische (five)

So segelten die drei Freunde gemütlich über das Meer bis sie eines Morgens in Mandala ankamen. Das Land war **beautiful**, wunderschön. Alles war seltsam durchsichtig: **the trees**, die Bäume und die Blumen, **the flowers**. Überall gab es Silberglöckchen und die Brücken waren aus Porzellan. Das Land gefiel ihnen so sehr, dass sie beschlossen in die Hauptstadt Ping zu fahren und den Kaiser zu fragen, ob er nicht eine Lokomotive und zwei Lokomotivführer gebrauchen könnte.

trees
die Bäume

flowers
die Blumen

clouds
die Wolken

Die Straße führte direkt nach Ping. Dort waren die Straßen sehr eng und voller Menschen. So many people! So viele Menschen! Und die Mandalanier sprachen sogar Englisch. Freundlich riefen sie Robert, Lukas und Jim „Good morning", guten Morgen, zu. Es gab die merkwürdigsten Sachen zu sehen: Ohrenputzer, die mit Pinselchen, Stäbchen und Bürstchen den Menschen die Ohren putzten. „Das machen die Mandalanier sehr gerne," erzählte Lukas, „denn es kitzelt und kribbelt ganz angenehm!" Und auch Haarzähler, die mit winzigen goldenen Zangen immer hundert Haare zusammenzählen und sie dann mit einem Schleifchen zusammenbinden, bis der ganze Kopf voller Schleifchen ist!

pillow
das Kopfkissen

fruit
das Obst

people
die Menschen

„Schaut was man alles kaufen kann!", Robert war ganz begeistert. „All this fruit, all diese Früchte und Stoffe und Spielsachen!" Jim war ganz aufgeregt: ob man hier auch Lokomotiven kaufen konnte? Robert half ihm: „Da musst du fragen: Excuse me, please, do you have engines? Verzeihung, haben Sie Lokomotiven?". „Und wenn ich Tabak kaufen möchte, dann frage ich: Excuse me, please, do you have tobacco?" sagte Lukas. „Excuse me, please, do you have pillows? Ich hätte nämlich wirklich gerne ein Kopfkissen!" meinte Robert. „Aber wir brauchen Geld, we need money!"

? Wusstest du schon?

Um eine Lokomotive zu kaufen, braucht Jim Knopf natürlich Geld! Every country has its own money. Jedes Land hat sein eigenes Geld: In England bezahlt man mit pounds und pence, Pfund und Pennies, in Deutschland und vielen anderen europäischen Ländern mit Euro und Cent und in Mandala mit Lu und Li.

railway engine
die Lokomotive

money
das Geld

Money
Geld

You need **money** to buy a hat,
You need **money** to buy a coat,
You need a lot of **money** to buy a car,
And even more **money** to buy a boat!

You need **money** to buy a computer,
You need **money** to ride on a train,
You need **money** to buy a book,
And you need **money** to fly to Spain.

You need **money**!
You need **money**!

Money – dollars!
Money – euros!
Money – pounds!
Money – pesetas!
Money – yen!
Money – rupees!
Money – pesos!
Money – lis!

Money can't buy you everything.
It can't buy you love and happiness.
But **money** can buy you lots of things,
I guess – well, yes.

'Cos you need **money** to buy a radio,
You need **money** to rent a flat,
You need **money** to buy clothes
and jewellery,
You need **money** to feed the cat…

You don't need **money** to breathe the air
You don't need **money** to go for a walk
You don't need **money** to sing this song
You don't need **money** to think and talk

Gesprochen:
You don't need **money** for everything
But **money** makes the world go round.

Man braucht Geld um einen Hut zu kaufen,
Man braucht Geld um einen Mantel zu kaufen.
Man braucht viel Geld um ein Auto zu kaufen,
Und noch mehr Geld um ein Boot zu kaufen.

Man braucht Geld um einen Computer zu kaufen,
Man braucht Geld um mit dem Zug zu fahren,
Man braucht Geld um ein Buch zu kaufen,
Und man braucht Geld um nach Spanien zu fliegen.

Man braucht Geld!
Man braucht Geld!

Geld – Dollar!
Geld – Euro!
Geld – Pfund!
Geld – Peseten!
Geld – Yen!
Geld – Rupien!
Geld – Pesos!
Geld – Li!

Man kann mit Geld nicht alles kaufen.
Liebe und Glück kann man damit nicht kaufen.
Aber mit Geld kann man eine Menge Sachen
kaufen, denke ich – oh ja!

Denn man braucht Geld um ein Radio zu kaufen,
Man braucht Geld um eine Wohnung zu mieten,
Man braucht Geld für Kleider
und Schmuck,
Man braucht Geld um die Katze zu füttern …

Man braucht kein Geld um zu atmen,
Man braucht kein Geld um spazieren zu gehen,
Man braucht kein Geld um dieses Lied zu singen,
Man braucht kein Geld um zu denken und zu reden.

Gesprochen:
Man braucht nicht für alles Geld,
Aber Geld bewegt die Welt.

(Noten zum Nachspielen auf der CD
sowie unter www.robertmetcalf.de)

Endlich erreichten sie den kaiserlichen Palast. Jim und Lukas klingelten. Ein dicker, gelber Kopf schaute aus einer Klappe im Tor und wimmelte the two friends, die beiden Freunde kurzerhand ab. Der Kaiser habe keine Zeit! Also schlenderten die beiden den ganzen Tag lang durch die Stadt und bewunderten diese.

friends
die Freunde

Your turn!
Na, weißt du noch was Jim und Lukas eigentlich am Palast wollen?

„Good Evening! Guten Abend!", begrüßten sie einander als sie sich am Abend wieder bei Emma trafen. „I'm hungry. Ich habe Hunger", sagte Robert. „Ich auch!", lachte Lukas.
Auf einmal fragte ein leises Stimmchen „Kann ich euch helfen?" Es war ein kleiner Mandalanier, der Ping Pong hieß. Er hatte ihre knurrenden Mägen gehört und wollte sie bewirten. „Bitte wartet einen Augenblick!" Ping Pong eilte bald mit einem kleinen Tischchen und Kissen zurück. „Setzt euch. What would you like to eat? Was würdet ihr gerne essen?" Ping Pong zählte nun die köstlichen Leckereien auf, die er den Fremdlingen servieren könnte: Hundertjährige Eier auf einem zarten Salat aus Eichhörnchenohren oder gezuckerte Regenwürmer in saurer Sahne oder Ameisenklößchen auf köstlichem Schneckenschleim. Vorsichtig erklärten sie Ping Pong, dass sie diese Speisen noch nicht kannten und lieber etwas Einfaches essen wollten.

Ich mag das!

Um zu sagen, dass du etwas magst, kannst du **I like** oder **I love** benutzen.
Diese Ausdrücke kannst du nicht nur für's Essen verwenden, sondern auch für deine Hobbies, Lieblingssendungen oder andere Lieblingsdinge:
I like football. Ich mag Fußball.
I like reading. Ich lese gerne.
I love Sesame Street. Ich liebe die Sesamstraße.
I love red. Ich liebe rot.
I like my brother. Ich mag meinen Bruder.

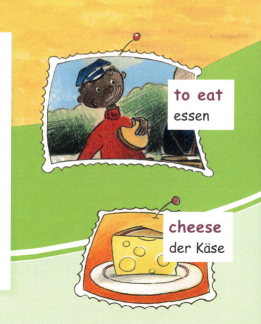

to eat essen

cheese der Käse

Jim, Robert und Lukas zählten auf, was sie gerne aßen: „I like mashed potatoes with sausages. Ich mag Kartoffelpüree mit Würstchen", sagte Robert. „And I like fried potatoes with egg. Ich mag Bratkartoffeln mit Ei", sagte Lukas, „oder fish and chips – Pommes mit Fisch." „And I love chocolate!", rief Jim „Ich liebe Schokolade." Aber diese Speisen gab es in Mandala nicht, noch nicht einmal ein einfaches Butterbrot, bread and butter oder cheese, Käse!

Wusstest du schon?

Stell dir vor, in Großbritannien werden pro Jahr ca. 250 Millionen Portionen fish and chips verkauft. Dort isst man übrigens seine Pommes nicht mit Mayonnaise, sondern mit Ketchup oder gar mit Essig!

fish and chips
Pommes mit Fisch

chocolate
die Schokolade

eggs
die Eier

bread and butter
das Butterbrot

sausage and mashed potatoes
Würstchen mit Kartoffelpüree

So Delicious
So Köstlich

Welcome! Please take a seat!	Willkommen! Bitte setzt euch!
Would you like to try this meat:	Würdet ihr gerne dieses Fleisch probieren:
Cockroach steak with chicken feet?	Kakerlakensteak mit Hühnerfüßen?
Or perhaps roasted snails,	Oder vielleicht geröstete Schnecken,
Mixed with squirrels' tails?	vermischt mit Eichhörnchenschwänzen?
Or chocolate cheese on toasted bees,	Oder Schokoladenkäse auf getoasteten Bienen,
Horse's hair in banana sauce?	Pferdehaar in Bananensoße?
Frog-tail soup, cabbage pudding	Froschschwanzsuppe, Kohlpudding
For the second course?	als zweiten Gang?
I could also offer you	Ich hätte auch im Angebot
Caterpillar cream in dead-leaf stew,	Raupensahne in Laubauflauf,
Spiders' leg with beetles' ear	Spinnenbein mit Käferohren in
Baked in oak-tree beer.	Eichenbier gebacken.
Or fishes eyes, earthworm pies,	Oder Fischaugen, Erdwurmpastete,
Candied bugs with lobster cake,	gezuckerte Wanzen mit Hummerkuchen,
Tadpole tongue, juicy seaweed	Kaulquappenzunge, saftige Meeralgen
With a pinch of snake.	mit einer Prise Schlange.
It's so delicious.	Es ist so köstlich.
It's so delicious.	Es ist so köstlich.
So please take a seat!	Darum, setzt euch bitte!
You might like for a start	Vielleicht wollt ihr zu Anfang
Jelly-fish nose in mushroom tart,	Quallennase in Pilztörtchen,
Ancient eggs, cactus chips,	alte Eier, Kaktus-Pommes,
Cooked in pumpkin pips.	gebraten in Kürbiskernen.
What you eat is what you are.	Du isst was du bist.
What you are is what you eat.	Du bist was du isst.
There's so much to discover.	Es gibt so viel zu entdecken.
So kindly take a seat!	Darum setzt euch bitte.
It's so delicious.	Es ist so köstlich.
It's so delicious.	Es ist so köstlich.
It's so delicious.	Es ist so köstlich.
It's so delicious.	Es ist so köstlich.
And does you good!	Und tut euch gut!

(Noten zum Nachspielen auf der CD
sowie unter www.robertmetcalf.de)

Alle waren ein wenig enttäuscht: Ping Pong, weil Jim, Lukas und Robert seine Köstlichkeiten nicht haben wollten und die drei Freunde, weil sie solch einen Hunger hatten.

Da lächelte Lukas auf einmal und rief überglücklich: „Reis! Rice! Das gibt's doch ganz bestimmt in Mandala?" Der winzig kleine Ping Pong nickte fröhlich und begann sofort eifrig hin und her zu laufen. Er servierte den Dreien eine kaiserliche Reisplatte, mit vielen verschiedenen Sorten Reis. Ping Pong erzählte, dass der Kaiser selbst wieder einmal nicht hatte essen wollen, weil er so traurig war: Seine Tochter, Prinzessin Li Si war entführt worden und wurde in der Drachenstadt gefangen gehalten.

Jim und Lukas beschlossen auf der Stelle, dass sie die Prinzessin befreien würden. Vielleicht dürften sie ja dann eine Eisenbahnlinie durch Mandala bauen und dort bleiben. Mit diesen Plänen wünschten sie sich erst einmal „Good night and sleep tight! Gute Nacht und schlaft gut!", machten es sich im Führerhäuschen von Emma gemütlich und schliefen ein.

rice
der Reis

to sleep
schlafen

Your turn!
Erinnerst du dich noch, wie man auf Englisch Guten Morgen!, Guten Abend! und Gute Nacht! sagt?

Guten Morgen: Good morning! Guten Abend: Good evening! Gute Nacht: Good Night!

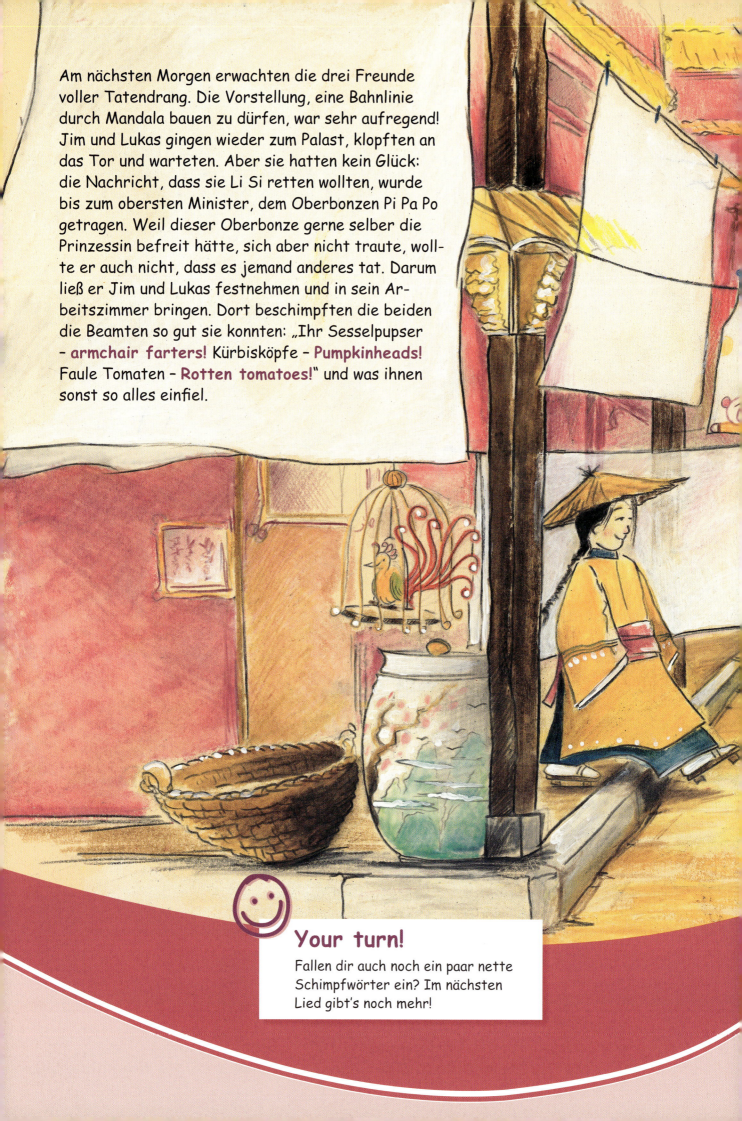

Am nächsten Morgen erwachten die drei Freunde voller Tatendrang. Die Vorstellung, eine Bahnlinie durch Mandala bauen zu dürfen, war sehr aufregend! Jim und Lukas gingen wieder zum Palast, klopften an das Tor und warteten. Aber sie hatten kein Glück: die Nachricht, dass sie Li Si retten wollten, wurde bis zum obersten Minister, dem Oberbonzen Pi Pa Po getragen. Weil dieser Oberbonze gerne selber die Prinzessin befreit hätte, sich aber nicht traute, wollte er auch nicht, dass es jemand anderes tat. Darum ließ er Jim und Lukas festnehmen und in sein Arbeitszimmer bringen. Dort beschimpften die beiden die Beamten so gut sie konnten: „Ihr Sesselpupser – **armchair farters!** Kürbisköpfe – **Pumpkinheads!** Faule Tomaten – **Rotten tomatoes!**" und was ihnen sonst so alles einfiel.

Your turn!
Fallen dir auch noch ein paar nette Schimpfwörter ein? Im nächsten Lied gibt's noch mehr!

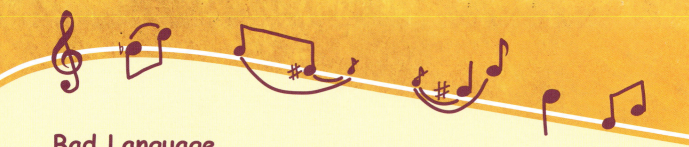

Bad Language
Schimpfwörter

Sometimes when I'm angry
With people who annoy me,
I just start to call them
silly things:
Like "Don't be such a mumbling pig!"
Or "You look like
a mouldy fig!"
Or "Fly away,
tiny chicken-wings!"

My mother always told me:
Don't curse and swear!
Being rude and rowdy
Won't get you anywhere!

Bad language. Don't use it, my son!
Bad language. Listen to me:
If you want to curse and swear,
Do it pleasantly.

So to please my mother
I just think up other
Phrases that don't really sound so bad,
Like "Who are you, pumpkin head?"
Or "Pillow, just go back to bed!"
Or "You remind me of
my hamster's dad!"

My mother always told me:
Don't curse and swear!
Being rude and rowdy
Won't get you anywhere!

Bad language. Don't use it, my son!
Bad language. Listen to me:
If you want to curse and swear,
Do it pleasantly.

Manchmal, wenn ich wütend bin
Mit Menschen, die mich nerven,
Dann beschimpf ich sie einfach
mit albernen Dingen,
wie: „Sei nicht so ein nuschelndes Schwein!"
Oder „Du siehst aus wie
eine schimmelige Feige!"
Oder „Fliegt weg,
ihr mickrigen Hühnchenflügel!"

Meine Mutter hat mir immer gesagt:
Fluche und schimpfe nicht!
Unhöflich und rüpelhaft zu sein
Bringt dich nicht weiter.

Schimpfwörter: Benutze sie nicht, mein Sohn!
Schimpfwörter. Hör auf mich:
Wenn du fluchen und schimpfen willst,
Tu's höflich.

Also, um meiner Mutter zu gefallen,
Denke ich mir einfach andere Wörter aus,
Die nicht wirklich so schlimm klingen,
Wie „Wer bist du, Kürbiskopf?"
Oder „Kissen, geh doch zurück ins Bett!"
Oder: „Du erinnerst mich an
den Vater meines Hamsters!"

Meine Mutter hat mir immer gesagt:
Fluche und schimpfe nicht!
Unhöflich und rüpelhaft zu sein
Bringt dich nicht weiter.

Schimpfwörter: Benutz sie nicht, mein Sohn!
Schimpfwörter. Hör auf mich:
Wenn du fluchen und schimpfen willst,
Tu's höflich.

(Noten zum Nachspielen auf der CD
sowie unter www.robertmetcalf.de)

Gerade wollten die Wächter Jim und Lukas in Ketten legen, da rief Ping Pongs kleine Stimme: „Halt!" Ping Pong war nämlich ganz schnell zum Kaiser gelaufen und hatte diesem berichtet, dass Jim und Lukas Li Si retten wollten. Der Kaiser eilte sofort mit Ping Pong zum Arbeitszimmmer des Oberbonzen und so wurden Jim und Lukas gerade noch rechtzeitig befreit. Der Kaiser war hocherfreut über die Fremdlinge, die seine Tochter retten wollten und ernannte Jim, Lukas und Robert zu Ehrengästen.

Sie aßen gemeinsam mit dem Kaiser und plauderten über dies und das. Und Jims Knopf, **his button**, der mal wieder abgefallen war, wurde mit einem seidenen Faden wieder angenäht!

button
der Knopf

Nach dem Essen bot ihnen Ping Pong eine köstliche Tasse Schmetterlingsblumentee an, a cup of butterfly flower tea, und dann spielten sie Mensch-Ärger-Dich-Nicht, oder ludo, wie es auf Englisch heißt. Obwohl der Kaiser oft verlor, freute er sich darüber außerordentlich. Wahrscheinlich dachte er sich, „Wenn die Fremdlinge so viel Glück haben, dann gelingt es ihnen vielleicht tatsächlich, Li Si zu befreien."

Ludo-Spielregeln:

Jeder Spieler hat vier Spielfiguren einer Farbe; diese stehen in den Startfeldern. Es wird reihum gewürfelt. Bei einer 6 darf eine Figur aus dem Startfeld in das Spielfeld gestellt werden und dann wird nochmal gewürfelt. Der Stein wird nun entsprechend der Augenzahl vorgezogen. Ziel ist es, alle Spielsteine ins eigene Haus zu bringen. Bei einer 6 wird nochmal gewürfelt. Achtung: Wenn man auf einem Feld landet, auf dem schon jemand steht, wird dieser rausgeschmissen und muss wieder ins Startfeld zurück!

butterfly
der Schmetterling

cup of tea
die Tasse Tee

Welcome, Stranger
Willkommen Fremdling

Welcome, stranger,
we're pleased to meet you!
Welcome, stranger,
we'd like to say:
That you're welcome, stranger,
in our country!
Please be our guest –
you're welcome to stay!

So please:
- Feel free to travel in our country
- Enjoy our way of life
- Find out what we are like:
  Our clothes, our habits,
  our food
- Talk to our people
- Learn our language.

Welcome, stranger,
we're pleased to meet you!
Welcome, stranger,
we'd like to say:
That you're welcome, stranger,
in our country!
Please be our guest -
you're welcome to stay!

Every country has its tradition.
Habits and customs, too.
And if you respect our traditions,
We will respect you too.
Then we will say to you:

Welcome, stranger,
we're pleased to meet you!
Welcome, stranger,
we'd like to say:
That you're welcome, stranger,
in our country!
Please be our guest -
you're welcome to stay!
Please be our guest –
you're welcome to stay!

Willkommen Fremdling,
schön, dich kennenzulernen!
Willkommen, Fremdling.
Wir möchten dir sagen,
dass du in unserem
Land willkommen bist!
Bitte sei unser Gast.
Wir laden dich ein, bei uns zu bleiben.

Darum bitte:
- reise in unserem Land herum
- genieße unsere Art zu leben
- versuche herauszufinden, wie wir sind:
  unsere Kleidung, unsere Gewohnheiten,
  unsere Speisen
- unterhalte dich mit unseren Menschen,
- lerne unsere Sprache.

Willkommen Fremdling,
schön, dich kennenzulernen!
Willkommen, Fremdling.
Wir möchten dir sagen,
dass du in unserem
Land willkommen bist!
Bitte sei unser Gast.
Wir laden dich ein, bei uns zu bleiben.

Jedes Land hat seine eigenen Traditionen,
Gewohnheiten und Rituale.
Und wenn du unsere respektierst,
respektieren wir dich auch,
dann sagen wir dir:

Willkommen Fremdling,
schön, dich kennenzulernen!
Willkommen, Fremdling.
Wir möchten dir sagen:
dass du in unserem
Land willkommen bist!
Bitte sei unser Gast.
Wir laden dich ein, bei uns zu bleiben.
Bitte sei unser Gast!
Wir laden dich ein, bei uns zu bleiben.

(Noten zum Nachspielen auf der CD
sowie unter www.robertmetcalf.de)

Wordlist
Wortliste

A
a	ein, eine
about	über
address	die Adresse
always	immer
all	alle
all day long	den ganzen Tag
and	und
armchair	der Sessel

B
bad	böse, schlecht
to be	sein
beautiful	schön
because	weil
big	groß
to blind	blenden
boat	das Boot
bread	das Brot
bread with butter	das Butterbrot
bug	der Käfer
but	aber
butter	die Butter
butterfly	der Schmetterling
button	der Knopf
to buy	kaufen

C
cabbage soup	die Kohlsuppe
can	kann, kannst, können, könnt
canned soup	die Dosensuppe
cheese	der Käse
cheesy	käsig
cheesy feet	die Käsefüße
chicken wings	die Hühnchenflügel
child	das Kind
chocolate	die Schokolade
clothes	die Kleider, die Kleidung
cloud	die Wolke
to come	kommen
to cook	kochen
country	das Land
cup	die Tasse

D
dad	der Papa, der Vater
dear	liebe, lieber
delicious	lecker, köstlich
different	anders
to do	tun, machen
to drink	trinken
to dream	träumen

E
to eat	essen
egg	das Ei
eight	acht
engine	der Motor; die Lokomotive
engine driver	der Lokomotivführer
English	Englisch
to enjoy	genießen
European Union	die Europäische Union
even	sogar
every	alle, alles
excuse me	Entschuldigung, entschuldige mich
eye	das Auge

F
to fart	pupsen
favourite	Lieblings-
to feel	fühlen
to find out sth	etwas herausfinden
fish	der Fisch
five	fünf
flower	die Blume
food	das Essen
foot	der Fuß
for sale	zum Verkauf
four	vier
free	frei, kostenlos
fried potatoes	die Bratkartoffeln
friend	der Freund, die Freundin
fruit	das Obst
from	von

G
to go	gehen
god	Gott
good	gut
good evening	guten Abend
good morning	guten Morgen
good night	gute Nacht
guest	der Gast
guitar	die Gitarre
Great Britain	Großbritannien
great	großartig, toll

H
habit	die Gewohnheit
hair	das Haar
to happen	passieren
to have	haben, besitzen
head	der Kopf
hello	Hallo
help	die Hilfe
his	sein, seine, seins
to hold on	sich festhalten
house	das Haus
how	wie
How are you?	Wie geht's?
How much?	Wie viel?
How many?	Wie viele?
hungry	hungrig
to hurry	sich beeilen

I
I	ich
I can	ich kann
idea	die Idee
in	in
island	die Insel
it	es
its	sein, ihr

J
journey	die Reise
just	nur
just a moment	sofort, gleich

K
to know	kennen

L
language	die Sprache
to learn	lernen
life	das Leben
like	wie
to like	mögen
little	klein
to live	leben
to love	lieben

luck	das Glück	Pleased to meet you.	Es freut mich, dich kennenzulernen.	there	dort, da
ludo	Mensch-ärgere-dich-nicht			they	sie
				this, that	der, die, das
lukewarm	lauwarm	poor	arm	three	drei
		potato	die Kartoffel	through	durch
M		private tutor	der Privatlehrer, die Privatlehrerin	tight	fest
main street	die Hauptstraße			tiny	klein
				tomato	die Tomate
many	viele	problem	das Problem	too	auch
mashed potatoes	der Kartoffelbrei	pumpkin	der Kürbis	to travel	reisen
				tree	der Baum
may	möglicherweise	**R**		trouble	der Ärger; die Gefahr
maybe	vielleicht	railway engine	die Lokomotive		
me	mir, mich	railway station	der Bahnhof	true	wahr
to mean	bedeuten	to recognize	erkennen	two	zwei
to meet	treffen	to respect	respektieren		
middle	die Mitte	rice	der Reis	**U**	
moment	der Moment	rotten	faul		
moon	der Mond			to understand	verstehen
morning	der Morgen	**S**		to use	benutzen, verwenden
the most	das Meiste	sailing boat	das Segelboot		
mouldy	schimmelig, faulig	sausage	das Würstchen	**V**	
		to save	retten	very	sehr
Mrs...	Frau ...	to say	sagen	very much	sehr viel
my	mein, meine, meiner, meines	to see	sehen		
		seven	sieben	**W**	
		shop	das Geschäft	to wait	warten
N		simple	einfach	to want	wollen
name	der Name	six	sechs	way of life	die Lebensart
to need	brauchen	to sleep	schlafen	we	wir
nice	nett	small	klein	welcome	Willkommen
night	die Nacht	smaller	kleiner	what	was
nine	neun	something	etwas	What's up?	Was ist los?
no	nein	song	das Lied	where	wo
no	kein, keine, keiner, keines	soup	die Suppe	which	welche, welcher, welches
		to spend	verbringen		
not	nicht	stairs	die Treppe		
now	jetzt	to stay	bleiben	with	mit
		storm	der Sturm	to wonder	sich wundern
O		stranger	der Fremde, die Fremde	word	das Wort
ocean	der Ozean, das Meer			world	die Welt
		street	die Straße	would	würde, würdest, würden, würdet
of	von, aus, mit				
one	eins	**T**			
the other	der andere	tobacco	der Tabak		
our	unser, unsere	to take a seat	Platz nehmen	**Y**	
sb's own	jds eigene(r, s)	to talk	sprechen	yes	ja
		tea	der Tee	you	du, ihr, dir, euch
P		tear	die Träne		
people	die Menschen	to tell	erzählen	your	dein(e), eure, ihr(e)
piece	das Stück	ten	zehn		
pillow	das Kopfkissen	than (e.g. bigger than)	als (z. B. größer als)		
please	bitte				
to be pleased that...	froh sein, dass ...	thank you	danke		
		the	der, die, das		
		their	ihr, ihre		